Shopify dropshipping pour les amateurs 2024

Le manuel complet de Dropshipping Shopify qui fournit un guide complet pour créer une entreprise de dropshipping réussie, du lancement au succès à long terme.

Anna P. Moore

Table des matières

Chapitre un

Comprendre le modèle économique et le potentiel du dropshipping

1.1. Qu'est-ce que le dropshipping exactement ?

La première partie du chapitre donne une définition du dropshipping, qui est une technique de vente au détail dans laquelle vous, en tant que propriétaire du magasin, ne possédez pas physiquement la marchandise que vous vendez. D'autre part, lorsqu'un consommateur passe une commande dans votre boutique en ligne, vous jouez le rôle d'intermédiaire et envoyez les détails de l'achat et les informations client à un fournisseur tiers. Après cela, ce fournisseur emballera les marchandises et les expédiera directement à votre client, après quoi il gérera toute la logistique associée au stockage, à l'exécution et à l'expédition.

1.2 Les avantages du dropshipping sont les suivants :

La section suivante du chapitre examine les principaux avantages du dropshipping, qui constituent les raisons pour lesquelles il constitue un choix attrayant pour de nombreux propriétaires d'entreprise ambitieux, en particulier ceux qui débutent dans le domaine du commerce électronique :

Faible investissement initial requis : Très peu d'investissement initial est nécessaire, ce qui est l'un des aspects les plus attrayants du dropshipping. Lorsqu'il s'agit d'acquérir des marchandises, de louer un espace d'entrepôt ou de gérer la logistique d'expédition, vous n'avez pas besoin de dépenser beaucoup d'argent pour ces activités. Cela vous permet de créer votre entreprise avec moins de risques et de tester des produits alternatifs sans investissement financier substantiel.

Évolutivité : Le dropshipping offre d'importantes possibilités d'évolutivité. À mesure que votre entreprise se développe, vous n'avez plus à vous soucier de gérer davantage de stocks ou d'exécuter vous-même des commandes. Vos fournisseurs gèrent la croissance de la demande, vous permettant de développer efficacement votre entreprise et de vous concentrer sur le marketing et le service client.

Large gamme de produits : Contrairement aux établissements de vente au détail typiques limités par la zone physique, le dropshipping vous permet de proposer un large assortiment d'articles. Vous pouvez simplement ajouter ou supprimer des produits de votre boutique en fonction des tendances du marché et des préférences des clients, vous offrant ainsi une flexibilité et une agilité supplémentaires.

Indépendance de l'emplacement : L'éclat du dropshipping réside dans sa liberté géographique. Vous pouvez exploiter votre entreprise depuis n'importe où dans le monde avec une connexion Internet, ce qui permet plus de flexibilité et de liberté de style de vie.

1.3. Comprendre le paysage du dropshipping :

Le chapitre n'hésite pas à offrir une image réaliste du paysage du dropshipping. Il explique les nombreux acteurs engagés dans le processus, notamment :

Dropshippers : Vous, le propriétaire de la boutique, exploitez la boutique en ligne et gérez les parties de l'entreprise destinées aux clients.

Fournisseurs: Ces sociétés tierces maintiennent l'inventaire, emballent et expédient les articles directement à vos consommateurs. *

Clients: En tant qu'élément vital de chaque entreprise, vous répondez à leurs demandes en leur proposant une boutique en ligne conviviale et un service client exceptionnel.

1.4. L'importance de l'étude de marché et de la sélection de niche :

Le chapitre souligne la nécessité d'une étude de marché rigoureuse dans le domaine du dropshipping. Il illustre à quel point l'établissement d'un marché de niche performant est essentiel au succès. Se concentrer sur une cible démographique particulière avec des exigences et des préférences distinctes vous aide à ajuster votre offre de produits, vos techniques de marketing et votre identité de marque globale pour vous connecter avec succès avec eux.

1.5. Défis et considérations potentiels :Aucune stratégie d'entreprise n'est sans obstacles, et le dropshipping ne fait pas exception. Le chapitre met en évidence certaines limites dont vous devrez être conscient et gérer efficacement :

des marges bénéficiaires plus faibles : En raison de la participation de nombreuses parties, les marges bénéficiaires du dropshipping ont tendance à être plus faibles que celles des modèles de vente au détail typiques. Cela nécessite des techniques de marketing efficaces et un volume de ventes accru pour atteindre la rentabilité.

Concours: Le secteur du dropshipping devient extrêmement compétitif. Le chapitre souligne la nécessité de distinguer votre entreprise grâce à des offres de produits uniques, un service client exceptionnel et des techniques de marketing efficaces.

Contrôle limité sur l'exécution : Puisque vous dépendez de fournisseurs tiers pour l'exécution de vos commandes, vous avez moins de contrôle sur la qualité des produits, les délais de livraison et l'expérience client globale. Trouver des prestataires compétents et dignes de confiance avec une solide expérience est essentiel pour réduire ces risques.

1.6. Le dropshipping est-il fait pour vous ?

Le chapitre se termine en vous aidant à travers quelques questions d'auto-réflexion pour examiner si le dropshipping correspond à vos objectifs et ambitions. Il souligne l'importance d'examiner votre tolérance au risque, les ressources disponibles et votre niveau d'engagement avant de vous lancer dans cette aventure entrepreneuriale.

En connaissant les principes du dropshipping, en étudiant ses avantages et ses limites et en réalisant une étude de marché complète, vous serez bien équipé pour tirer une conclusion éclairée quant à savoir si ce modèle commercial vous convient le mieux. Cette introduction approfondie vous prépare au chapitre suivant, qui approfondit le processus d'exécution des commandes dropshipping, établissant le cadre pour développer votre entreprise de commerce électronique prospère.

Shopify constitue l'une des nombreuses options permettant de créer une boutique en ligne, mais il est devenu le choix incontournable pour de nombreux entrepreneurs qui se lancent dans le commerce électronique.

Comprendre Shopify et ses avantages pour le dropshipping

Shopify est une plateforme conviviale qui permet aux particuliers de créer une boutique en ligne sans avoir besoin de compétences en programmation. Il est rentable et offre une personnalisation étendue pour obtenir l'esthétique souhaitée pour votre site. Voici les principales raisons pour lesquelles Shopify est un excellent choix pour le dropshipping :

1. Polyvalence de Shopify
Shopify offre une polyvalence remarquable, permettant une personnalisation facile de votre site Web. Avec une interface simple, vous pouvez :

- Présenter les catégories de produits
- Créer des entrées de blog
- Ajouter de nouvelles pages

- Modifier les rubriques
- Incorporer des bannières de héros ou des segments
vidéo

La plateforme vous offre la liberté de différencier votre
boutique, quel que soit le thème choisi.

2. Rentabilité de Shopify
Depuis la dernière mise à jour, les frais mensuels de
Shopify sont de 29 $, vous donnant accès à une
boutique dropshipping entièrement opérationnelle avec
des téléchargements de produits illimités. Ce plan
comprend également :

- Canaux de vente supplémentaires comme Facebook
- Génération de code promo
- Un certificat SSL pour votre site
- Outils d'automatisation du marketing
- Capacités d'intégration avec d'autres plateformes
- Options d'expédition et tarifs automatisés

De plus, le plan de base prend en charge diverses
passerelles de paiement, notamment Stripe et PayPal,
simplifiant ainsi le processus des transactions en ligne.

3. Abondance d'applications Shopify

Le marché d'applications de Shopify héberge des
milliers d'applications pour améliorer les fonctionnalités
et le design de votre boutique, telles que :

- Applications promotionnelles pour des offres telles que les offres d'achat-en-un-en-un
- Outils de marketing par e-mail
- Applications pour les avis sur les produits avec téléchargements d'images ou de vidéos

Bien que Shopify propose une multitude d'applications, il est conseillé aux nouveaux arrivants dans le dropshipping de se concentrer d'abord sur les options gratuites avant d'investir dans des abonnements payants.

Malgré la présence de plateformes alternatives comme WooCommerce, BigCommerce, Ecwid, Squarespace et autres, Shopify reste un choix privilégié en raison de sa simplicité et de sa rapidité de création d'une boutique dropshipping.

Comment fonctionne Shopify

Vous créerez une boutique en ligne à l'aide de Shopify, où vous pourrez télécharger des détails sur les produits, des images et définir les tarifs d'expédition. Ce processus peut être automatisé avec diverses applications qui facilitent l'importation de produits et d'autres détails nécessaires dans votre boutique Shopify.

La rentabilité de Shopify Dropshipping

Le dropshipping avec Shopify peut être très rentable avec des frais généraux minimes, principalement l'abonnement mensuel de 29 $. Par exemple, vendre un t-shirt acquis pour 9,95 $ auprès du fournisseur à 29,95 $ dans votre magasin génère un bénéfice de 20 $ par chemise. Vendre 50 chemises par mois générerait un bénéfice brut de 1 000 $. Après déduction des frais d'abonnement, le bénéfice net s'élève à 975 $.

Même si les ventes sont lentes au départ, les faibles dépenses mensuelles en font un risque gérable, surtout par rapport aux dépenses discrétionnaires quotidiennes comme les achats de café.

Étapes pour commencer le dropshipping avec Shopify

Pour établir votre entreprise de dropshipping Shopify, suivez ces étapes générales :

1. Établir une identité de marque et une niche
Tout d'abord, déterminez l'identité de votre marque et sélectionnez un marché de niche. Cela implique:

- Sécurisation d'un nom de domaine
- Création d'un logo
- Concevoir une favicon

Votre domaine doit refléter le nom de votre entreprise et être mémorable. Une fois acquis, intégrez-le à votre boutique Shopify et engagez un designer ou utilisez des outils en ligne pour votre logo et votre favicon.

2. Configurez votre boutique Shopify
Créez un compte Shopify et optez pour le forfait de base. Les paramètres initiaux importants incluent :

- Définition de la devise de votre boutique
- Création de collections de produits
- Activation des cartes cadeaux
- Configuration des passerelles de paiement et des canaux de vente
- Saisie des détails de l'entreprise

Explorez minutieusement tous les paramètres pour adapter votre boutique à vos besoins.

3. Créez des pages essentielles
Développez des pages standards pour votre site Web, telles que :

- À propos de nous
- Termes et conditions
- Politique d'expédition et de remboursement
- Politique de confidentialité

Des modèles sont disponibles en ligne pour ces documents ; personnalisez-les en fonction de votre entreprise.

4. Personnalisez votre thème
Choisissez parmi des thèmes gratuits ou payants sur Shopify et personnalisez le thème de votre choix pour

l'aligner sur le guide de style de votre marque, qui comprend des jeux de couleurs, des polices et d'autres éléments de marque.

5. Installer des applications
Améliorez votre boutique avec les applications du marché Shopify, en vous concentrant sur celles qui offrent le plus de valeur. Tenez-vous-en aux applications gratuites dans un premier temps pour réduire les coûts.

En résumé, bien que Shopify fasse partie des nombreuses plateformes de commerce électronique, sa facilité d'utilisation, son prix abordable et son vaste écosystème d'applications en font un choix attrayant pour les entrepreneurs, en particulier dans le domaine du dropshipping.

Pensez à intégrer les catégories d'applications essentielles suivantes :

- Un outil d'importation de produits, tel que Spocket.
- Un outil de recherche de produits, comme Dropship.IO.
- Applications pour offrir des réductions et des coupons.
- Applications pour les offres groupées de produits ou les promotions d'achat-en-un-en-un.
- Applications de marketing par courrier électronique.
- Des applications qui fournissent une preuve sociale.
- Applications de récupération de panier abandonné.

Dans un premier temps, donnez la priorité aux applications liées au marketing, car elles jouent un rôle crucial dans la génération de ventes et de conversions pour votre magasin. Cependant, veillez à ne pas surcharger votre boutique avec trop d'applications, car cela peut ralentir considérablement les performances de votre site Web.

6. Importation de produits dans votre magasin

Lorsque vous êtes prêt à ajouter des produits à votre boutique, envisagez les étapes suivantes :

- Standardisez la présentation de vos produits.
- Configurez l'automatisation des prix dans Shopify, en décidant d'ajouter un taux forfaitaire ou un pourcentage de majoration à tous les produits.
- Identifiez les produits qui peuvent nécessiter des images ou des descriptions améliorées.

Après l'importation, classez vos produits en collections, par exemple en plaçant toutes les chaussures en cuir dans une collection « Chaussures en cuir ». Vous devrez ensuite modifier manuellement les pages de produits pour garantir la cohérence entre les descriptions des différents fournisseurs.

7. Lancement et commercialisation de votre boutique Shopify Dropshipping

Avant de lancer votre boutique, effectuez un achat test pour vous assurer que tout fonctionne correctement. Déconnectez-vous de votre compte Shopify et effectuez un achat comme le ferait un client. Commandez le produit auprès de votre fournisseur et faites-le expédier à votre adresse pour découvrir le parcours client complet et identifier tout problème.

Une fois que tout est vérifié, vous pouvez vous concentrer sur la création de contenu sur les réseaux sociaux et sur la planification de votre calendrier de publication. Avec une stratégie marketing solide en place, vous êtes prêt à démarrer votre entreprise.

Choisir un produit gagnant pour le dropshipping

La sélection d'un produit dropshipping réussi nécessite une réflexion approfondie. Voici ce qu'il faut rechercher :

1. Demande du marché : vérifiez le volume des ventes du produit pour évaluer l'intérêt et la demande.

2. Qualité du produit : assurez-vous que la qualité du produit justifie votre prix de vente.

3. Détails d'expédition : évaluez la vitesse d'expédition, la couverture internationale et les coûts du fournisseur.

4. Concurrence sur le marché : utilisez des outils pour
vérifier combien d'autres dropshippers vendent le même
produit.

Commercialiser votre boutique Shopify Dropshipping

Il existe trois stratégies marketing principales pour votre
boutique Shopify :

- Blogs et référencement : utilisez la fonctionnalité de
blogging de Shopify pour publier des articles informatifs
et améliorer votre référencement.
- SEM et publicité : payez pour que les annonces des
moteurs de recherche apparaissent en haut des
résultats de recherche pour des mots clés spécifiques.
- Publication sur les réseaux sociaux : publiez
régulièrement du contenu sur les plateformes de
réseaux sociaux pour interagir avec votre public.

Choisissez l'approche marketing qui correspond à votre
budget et à votre expertise pour promouvoir
efficacement votre magasin.

Marketing sur les moteurs de recherche (SEM) et publicité

Le SEM est une forme spécialisée de publicité limitée
aux moteurs de recherche. Prenons l'exemple suivant :

Lors de la recherche de « drone à vendre aux États-Unis » sur Google, la première annonce qui apparaît est une publicité payante d'Aquidneck Aerials, indiquant qu'ils ont investi dans leur visibilité pour ce terme de recherche spécifique.

Le résultat est que les utilisateurs, y compris moi-même, peuvent cliquer sur cette annonce bien visible, nous menant à la page de destination de l'annonceur. Cependant, en y regardant de plus près, il apparaît clairement que l'entreprise ne vend pas de drones mais propose plutôt des services de photographie aérienne. Cela illustre un décalage entre le ciblage par mots clés et les offres de services réelles, ce qui constitue une utilisation inefficace des ressources publicitaires. Il est crucial d'aligner vos efforts publicitaires sur Google sur des mots-clés qui reflètent fidèlement vos offres commerciales.

Lorsqu'il s'agit de publicité sur les réseaux sociaux, le choix de la plateforme doit être stratégique, en fonction des endroits où les clients potentiels de votre produit sont les plus actifs :

- Instagram est optimal pour des produits comme le rouge à lèvres, le maquillage et les articles de santé et de beauté.
- TikTok convient au contenu lié au divertissement, aux jeux et aux loisirs.
- Facebook est polyvalent et peut accueillir une large gamme de produits.

N'oubliez pas que la publicité nécessite des investissements. J'ai déjà dépensé 1 000 $ sans retour. Il est donc important de procéder avec prudence, d'apprendre des stratégies publicitaires efficaces et d'augmenter progressivement vos dépenses.

Marketing des médias sociaux

La commercialisation de vos produits sur les réseaux sociaux peut se faire par le biais de publications régulières, semblables aux blogs mais sur les plateformes sociales. Choisissez la bonne plate-forme en fonction de votre catégorie de produits et concentrez-vous sur le partage de contenu perspicace, éducatif ou divertissant plutôt que sur des messages marketing manifestes.

Par exemple, présentez votre drone en action à travers une vidéo qui met en valeur l'expérience et le plaisir qu'il peut offrir, plutôt que de simplement énumérer ses fonctionnalités. Un contenu qui divertit et engage émotionnellement est plus susceptible de générer des interactions et de conduire à des ventes.

Dropshipping sur Shopify et autres plateformes

Le dropshipping avec AliExpress nécessite l'utilisation d'un outil qui vous met en relation avec les fournisseurs de la plateforme. Spocket et CJDropshipping sont deux options recommandées.

Pour les débutants souhaitant faire du dropshipping sur Shopify, il est conseillé de regarder des didacticiels complets sur la création d'une boutique Shopify. Vous pouvez également envisager d'acheter un magasin pré-construit.

Le dropshipping sur Shopify n'est pas gratuit ; après un essai de 7 jours, vous devrez choisir un plan d'abonnement.

Pour faire du dropshipping sur Amazon, intégrez votre boutique Shopify à votre compte vendeur Amazon ou utilisez un outil comme Spocket directement avec Amazon.

Le dropshipping sur Shopify sans fonds initiaux n'est pas réalisable ; attendez-vous à investir des frais mensuels minimum.

Pour ceux qui sont intéressés par le dropshipping avec Alibaba, qui est avant tout une plateforme de vente en gros, vous pouvez vous coordonner avec CJDropshipping pour vous connecter avec les fournisseurs Alibaba pour votre boutique Shopify.

Pour démarrer le dropshipping sur Shopify, identifiez les produits à vendre depuis des plateformes compatibles avec Shopify, créez votre boutique et importez les produits de votre choix.

Le dropshipping sur Shopify en vaut-il la peine ?
Absolument, car l'investissement mensuel est
relativement faible par rapport aux bénéfices potentiels.

Shopify prend en charge le dropshipping et s'intègre à
de nombreux outils de fournisseurs tels que Spocket,
Printful, Salehoo, Printify et Dropified.

Chapitre deux

Le processus d'exécution des commandes Dropshipping : de l'achat du client à la livraison

Après avoir abordé les principes et les possibilités du dropshipping dans le chapitre précédent, ce chapitre approfondit la danse subtile du processus d'exécution des commandes de dropshipping. Il décrit le parcours d'une commande, depuis le moment où un consommateur clique sur « acheter » sur votre site en ligne jusqu'au moment où la marchandise arrive à sa porte.

1.1. Un client passe une commande : Le processus commence lorsqu'un consommateur visite votre boutique en ligne, parcourt votre sélection de produits, ajoute un article à son panier et passe à la caisse. Au cours de cette étape, il est essentiel de fournir une expérience de paiement conviviale et sécurisée pour garantir un parcours client fluide.

1.2. Traitement et expédition des commandes : Après une commande réussie, votre entreprise de dropshipping occupe le devant de la scène. Vous recevez un avis de commande avec les informations du client et le(s) produit(s) exact(s) acheté(s).

Voici vos responsabilités :

A) Vérification des commandes et traitement des paiements : vous validez les données de la commande, assurez la sécurité du paiement et pouvez entreprendre des contrôles de fraude si nécessaire.

B) Transmission des commandes au fournisseur : c'est là que l'essence du dropshipping entre en jeu. Vous envoyez les informations de commande validées (y compris les informations client, les spécifications du produit et les instructions de livraison) à votre fournisseur préféré.

1.3. *Exécution des fournisseurs :*Une fois que le fournisseur aura reçu votre commande, il effectuera les tâches suivantes :

A) Vérification de l'inventaire : garantit que l'article demandé est en stock et prêt à être expédié.

B) Cueillette et emballage du produit : localisez le produit dans l'entrepôt, sélectionnez-le soigneusement et emballez-le en toute sécurité pour une expédition en toute sécurité.

C) Étiquetage des commandes et expédition : ils appliquent l'étiquette d'expédition appropriée, y compris l'adresse du client et tous les documents de douane pertinents (pour les commandes étrangères), puis expédient le produit via leur transporteur préféré.

1.4. Suivi des commandes et communication avec les clients : Pendant que le fournisseur s'occupe de l'exécution proprement dite, vous, en tant que dropshipper, jouez un rôle important en tenant le consommateur informé.

Confirmation de commande et détails de suivi : Vous envoyez au client un email confirmant son achat, indiquant le délai de livraison prévu et un numéro de suivi (fourni par le fournisseur) afin qu'il puisse suivre l'avancement de son colis.

Service client: Vous êtes l'interlocuteur principal du client tout au long du processus. Vous répondez à toutes leurs questions ou préoccupations concernant leur commande, l'état de l'expédition ou d'éventuelles complications.

1.5. Expérience de livraison et après-achat :
La dernière étape consiste à livrer le produit au consommateur. Une fois la livraison livrée, l'expérience client est essentielle.

En tant qu'expéditeur direct, vous devez considérer les éléments suivants :

A) Confirmation de livraison : Pour garantir que le consommateur reçoit son achat, envoyez-lui un avis de livraison confirmant la livraison.

B) Avis et commentaires des clients : encouragez les clients à soumettre des avis sur votre site Web ou sur votre canal préféré. Ces commentaires sont utiles pour renforcer la réputation de votre magasin et recruter de nouveaux consommateurs.

1.6. Gérer les retours et les remboursements : Même avec la plus grande préparation, des événements inattendus comme des produits endommagés, des expéditions erronées ou le mécontentement des clients peuvent entraîner des retours. Le chapitre examine comment gérer efficacement de telles circonstances.

Politique de retour claire : Avoir une politique de retour clairement énoncée sur votre site Web établit les attentes et simplifie le processus pour vous et le client.

Communication de retour : Créez une méthode de communication claire permettant aux consommateurs de demander des retours et d'obtenir des remboursements.

Collaboration avec le fournisseur : Selon les conditions de votre accord, vous pouvez collaborer avec votre fournisseur pour gérer le processus de retour et de remboursement, offrant ainsi une expérience fluide et satisfaisante au consommateur.

Comprendre et maîtriser le processus d'exécution des commandes dropshipping vous permet d'offrir une expérience fluide et de qualité à vos consommateurs, en créant la confiance et la fidélité, qui sont des éléments essentiels au développement d'une entreprise de commerce électronique prospère. Ce chapitre vous fournira les informations dont vous avez besoin pour gérer avec succès cet élément crucial de votre parcours de dropshipping.

Sélection de niche et de produits : identifier votre segment de marché rentable

Le succès du dropshipping dépend de la sélection du bon créneau et des bons articles. Ce chapitre vous aidera à découvrir une niche de marché réussie et à choisir des articles qui plaisent à votre public cible.

2.1. Reconnaître la valeur de la sélection de niche :

Le chapitre s'ouvre en soulignant l'importance de la sélection de niche dans le dropshipping. Choisir une spécialité spécialisée vous permet de :

Ciblez un public spécifique : En vous adressant à un groupe de clients bien défini avec des désirs et des préférences distincts, vous pouvez mieux aligner vos offres de produits, vos techniques de marketing et votre identité globale de marque.

Réduire la concurrence : Au lieu de rivaliser sur un marché encombré avec plusieurs marques établies, vous concentrer sur une niche vous aide à vous démarquer et même à vous positionner comme leader dans le secteur de votre choix.

Augmentez l'expertise et l'autorité de la marque : Se concentrer sur une certaine spécialité vous aide à mieux comprendre les demandes et les préférences de votre marché cible. Cela vous permet de vous imposer comme un expert dans votre domaine, vous permettant ainsi de gagner la confiance et l'autorité de vos consommateurs.

2.2. Identifier les niches rentables :

Le chapitre vous fournit des idées et des tactiques utiles pour identifier des niches potentiellement rentables :

Étude de marché et analyse des tendances : Utilisez les outils Internet, les plateformes de médias sociaux et les revues spécialisées pour découvrir les nouvelles tendances, les souhaits des clients et les catégories de produits populaires. Observer le fonctionnement de marques établies dans d'autres domaines peut également fournir des informations utiles.

Identifier vos passions et vos compétences : Réfléchissez à vos propres intérêts, passe-temps et domaines de compétence. Choisir une spécialisation qui vous passionne peut vous aider à rester motivé et impliqué sur le long terme. De plus, utiliser vos talents et votre expérience actuels pourrait créer un avantage concurrentiel dans ce domaine.

Évaluation de la rentabilité d'une niche : Ne basez pas votre décision uniquement sur la popularité d'un créneau. La concurrence, les marges des produits et les dépenses d'acquisition de clients sont autant de considérations importantes pour évaluer la rentabilité. Avant de réduire votre concentration, utilisez les outils et ressources Internet pour examiner la rentabilité potentielle des niches que vous avez identifiées.

2.3. Définissez votre public cible :

Une fois que vous avez découvert un créneau potentiel, ce chapitre vous guidera tout au long du processus d'identification de votre public cible.

Données démographiques : Utilisez l'âge, le sexe, la géographie, le niveau économique et l'emploi pour créer une image claire de votre consommateur idéal.
Psychographie : Explorez les intérêts, les passe-temps, les croyances et les domaines de douleur de votre public cible pour mieux comprendre ses motivations et ses exigences. Comprendre leur « pourquoi » vous permet de créer des messages marketing attrayants qui les concernent.

2.4. Choisissez les produits gagnants :

Vient maintenant la partie intéressante : décider quelles choses offrir dans le créneau que vous avez sélectionné. Le chapitre vous donne un chemin pour faire des choix éclairés en matière de sélection de produits.

JE)*Éléments de résolution de problèmes :*Recherchez des éléments qui résolvent des problèmes ou des obstacles particuliers rencontrés par votre public cible. Se concentrer sur les solutions plutôt que sur les fonctionnalités vous aide à établir une relation avec vos clients.

II)*Analyse de la marge bénéficiaire :*Déterminez la marge bénéficiaire possible pour chaque produit, en tenant compte du prix de vente, des coûts des fournisseurs et des autres dépenses connexes. Pour garantir la viabilité à long terme de votre entreprise, choisissez des articles avec une solide marge bénéficiaire.

III)*Demande du marché et concurrence :*Déterminez le degré de demande du marché et de concurrence pour les articles auxquels vous pensez. Même si une bonne concurrence indique une spécialité florissante, trop de rivalité pourrait rendre difficile la distinction.

IV) *Tendances des produits et saisonnalité :*Pensez aux tendances actuelles du marché et à la saisonnalité probable des articles que vous choisissez. Surfer sur la vague des tendances peut augmenter les ventes, mais méfiez-vous des modes potentiellement de courte durée.

DANS)*Qualité et fiabilité des fournisseurs : Aqa*Effectuer une diligence raisonnable sur les fournisseurs potentiels, en évaluant la qualité de leurs produits, les délais de livraison, la réputation du service client et les quantités minimales de commande (MOQ) pour garantir une expérience fluide et fiable.

2.5. Créer un portefeuille de produits cohérent

Le chapitre se concentre non seulement sur des éléments individuels, mais également sur l'importance de développer un portefeuille de produits unifié au sein de votre niche sélectionnée.

Bien complémentaires: Proposez des produits qui se complètent, encourageant les clients à acheter plus de choses et augmentant la valeur moyenne de leurs commandes.

Sélection organisée : Évitez de submerger vos consommateurs avec une offre de produits trop large. Créez plutôt une collection qui répond aux désirs et aux intérêts uniques de votre public cible.

Maintenir la pertinence de la marque : Assurez-vous que les articles sélectionnés correspondent à l'identité et au message global de votre marque, ce qui permettra d'offrir une expérience cohérente et reconnaissable à vos consommateurs.

En maîtrisant l'art de la sélection de niches et de produits, vous établissez le cadre d'une entreprise de dropshipping réussie. Ce chapitre vous fournit les informations et les tactiques dont vous avez besoin pour trouver des niches lucratives, définir votre public cible et choisir des articles gagnants qui communiqueront avec vos consommateurs et contribueront au succès à long terme de votre entreprise de dropshipping.

Chapitre trois

Identifier les fournisseurs de dropshipping idéaux : former des collaborations solides.

Pour que votre entreprise de dropshipping réussisse, vous devez établir des relations solides avec des fournisseurs fiables et dignes de confiance. Ce chapitre explore le processus d'identification des fournisseurs de dropshipping idéaux, jetant les bases d'une procédure d'exécution transparente et efficace qui aboutira finalement à des clients satisfaits et à une entreprise florissante.

1.1. La sélection des bons fournisseurs est cruciale : Le premier point du chapitre est de souligner l'importance des fournisseurs pour votre opération de dropshipping. Ils servent de base à votre processus d'exécution et ont une influence directe sur des éléments tels que :

   La qualité des produits: Vos clients comptent sur vous pour leur fournir des produits de premier ordre. La fiabilité et le contrôle qualité sont donnés en priorité par des fournisseurs réputés, ce qui garantit la satisfaction des clients et réduit les risques de retours et de mauvaises critiques.

Fiabilité et rapidité d'expédition : Pour que les clients soient satisfaits, les livraisons doivent être effectuées à temps. Vos clients recevront leurs marchandises à temps si vous choisissez des fournisseurs disposant de partenaires d'expédition fiables et de procédures d'expédition efficaces.

Service client: Bien que vous, le dropshipper, soyez le premier point de contact de vos clients, la qualité du service fourni par votre fournisseur peut affecter l'ensemble de l'expérience. S'associer à des fournisseurs réputés pour leur service client de qualité supérieure garantit que tout problème sera résolu rapidement et efficacement.

Marges de prix et de bénéfice : Vos marges bénéficiaires sont directement impactées par le montant que vous payez à votre fournisseur. Maintenir des marges bénéficiaires saines dans votre entreprise de dropshipping nécessite de négocier des tarifs compétitifs et de prendre en compte des détails tels que les quantités minimales de commande (MOQ).

1.2. *Localisation des fournisseurs de dropshipping possibles :*Ce chapitre vous donne un certain nombre d'outils pour trouver d'éventuels fournisseurs de dropshipping :

annuaires Internet : Les fournisseurs de dropshipping sont répertoriés et classés dans un large éventail de domaines par plusieurs annuaires Internet. Utilisez ces répertoires comme base pour votre enquête.

Recherche industrielle : Enquêter sur des entreprises bien connues dans le créneau que vous avez sélectionné peut révéler leurs fournisseurs ou fournir des indications sur des fournisseurs fiables dans votre domaine.

Salons professionnels et marchés en ligne : Vous pouvez rencontrer d'éventuels fournisseurs de dropshipping en vous rendant à des salons professionnels du secteur ou en consultant des marchés en ligne comme Alibaba ou Sprocket.

Réseaux sociaux et avis en ligne : Contactez d'autres dropshippers sur les sites de médias sociaux comme les groupes Facebook ou LinkedIn pour obtenir leurs suggestions de fournisseurs dignes de confiance.

1.3. *Évaluation des fournisseurs qui effectuent des livraisons directes :* Après l'identification des fournisseurs potentiels, le chapitre vous guide à travers un processus d'évaluation rigoureux pour vous assurer qu'ils répondent à vos exigences en tant qu'entreprise :
Qualité et gamme des produits : Évaluez les offres du fournisseur pour vous assurer que la qualité répond aux exigences de votre marque ainsi qu'à celles de vos clients. Examinez la gamme d'articles disponibles pour voir s'ils correspondent au portefeuille de produits que vous avez en tête.

Tarifs d'expédition et délais de livraison : Examinez les délais de livraison prévus et les frais d'expédition fournis par différents fournisseurs. Pour que vous restiez compétitif et fournissiez à vos clients des attentes réalistes en matière d'expédition, ces informations sont essentielles.

Minimaux d'ordonnance (MOQ) : Prenez note des quantités minimales de commande (MOQ) établies par chaque fournisseur. Celles-ci peuvent affecter la façon dont vous gérez vos stocks et vos flux de trésorerie, en particulier si vous démarrez avec un budget serré.* Conditions de paiement et politiques de retour : reconnaissez les conditions de paiement du fournisseur, y compris les délais et les modes de paiement. Vérifiez également leurs politiques de retour pour vous assurer qu'elles sont claires et aimables envers les clients.

Service & Support Client: Évaluez le niveau d'excellence du service client du fournisseur potentiel. Cela peut être accompli en leur parlant directement, en recherchant des évaluations sur Internet ou en voyant à quelle vitesse ils répondent aux demandes des clients.

1.4. Établir des connexions solides avec les fournisseurs : Le chapitre souligne la nécessité d'établir des relations solides et durables avec les fournisseurs en plus de les localiser. Voici quelques tactiques cruciales :

  Communication et attentes claires : Créez des canaux de communication clairs et définissez des attentes en matière de traitement des commandes, de qualité des produits et de délais de livraison.

Communication et collaboration régulières : Restez en contact permanent avec vos fournisseurs pour discuter à l'avance des problèmes possibles, rechercher de nouvelles opportunités de produits et établir une relation de coopération.

  Paiements en temps opportun et mises à jour des commandes : Assurez-vous que les paiements sont effectués à temps et fournissez des mises à jour précises des commandes pour satisfaire vos fournisseurs. Vous pouvez trouver et travailler avec des fournisseurs de dropshipping dignes de confiance qui partagent votre engagement envers l'efficacité, la qualité et le plaisir des clients en utilisant les conseils de ce chapitre.

L'établissement de relations solides et coopératives avec vos fournisseurs est crucial pour garantir le fonctionnement fluide de votre activité de dropshipping et jeter les bases d'une prospérité durable.

Construire votre entreprise de dropshipping : configurer votre boutique de dropshipping : choisir la bonne plate-forme et le bon design

Votre boutique en ligne sert de showroom virtuel pour votre entreprise de dropshipping, vous mettant en contact avec des clients potentiels et présentant votre gamme de produits. Ce chapitre vous guide à travers les étapes critiques du choix de la meilleure plateforme et de la création d'une boutique esthétique et facile à utiliser qui renforce la confiance des consommateurs et les motive à effectuer des achats.

Sélection du marché Dropshipping approprié :

La nécessité de choisir la plateforme appropriée pour créer votre entreprise de dropshipping est soulignée au début du chapitre. Il existe de nombreuses plates-formes disponibles, chacune présentant des fonctionnalités, des inconvénients et des structures de coûts uniques. Lorsque vous faites votre choix, gardez à l'esprit les considérations importantes suivantes :

Facilité d'utilisation : Pour faciliter la création et l'administration de votre entreprise si vous débutez dans le commerce électronique, prenez en considération les plateformes réputées pour leurs fonctionnalités intuitives et leur présentation conviviale.

Caractéristiques et fonctionnalités : Tenez compte des fonctionnalités fournies par chaque plate-forme, notamment les fonctions de référencement intégrées, les alternatives de passerelle de paiement, les connecteurs marketing et les outils de gestion de produits. Sélectionnez une plate-forme en fonction des besoins actuels et futurs de votre entreprise.

Tarifs et évolutivité : Examinez les systèmes de tarification des différentes plateformes, en tenant compte à la fois des frais récurrents et des dépenses de transaction. Assurez-vous que la plate-forme que vous choisissez peut gérer l'expansion de votre entreprise et l'augmentation des volumes de ventes à mesure qu'elle se développe.

Marché d'applications et intégrations : De nombreux systèmes permettent des interfaces avec divers services externes, tels que des compagnies maritimes, des logiciels de comptabilité et des outils de marketing par e-mail. De plus, vérifiez si les marchés d'applications sur chaque plate-forme disposent de fonctionnalités et d'extensions qui correspondent aux besoins de votre entreprise.

1.2. Marchés Dropshipping bien connus :

Le chapitre donne un aperçu rapide de quelques sites Web de dropshipping bien connus, en mettant l'accent sur leurs principales caractéristiques et leurs clientèles cibles :

Shopify : Appréciée et accessible, cette plate-forme est réputée pour son évolutivité, son vaste marché d'applications et sa simplicité d'utilisation.

Woo Commerce : est une plateforme gratuite et open source qui offre plus de liberté et de personnalisation, mais dont la configuration et la maintenance nécessitent plus de savoir-faire technique.

Grand commerce : Un ensemble complet de fonctionnalités, une conception évolutive pour les grandes entreprises et des outils de référencement intégrés caractérisent cette plate-forme riche en fonctionnalités.

Poche : Une plate-forme axée sur le dropshipping comprenant des outils d'approvisionnement en produits, une automatisation de l'exécution des commandes et des connecteurs directs avec les fournisseurs.

1.3. Créer un site Web Dropshipping réussi :

Le chapitre aborde les éléments cruciaux de la création d'une entreprise de dropshipping qui se convertit une fois que vous avez sélectionné votre plateforme :

**Conception professionnelle et conviviale :* Investissez dans une mise en page conviviale, soignée et bien organisée. Assurez-vous que votre site Web est adapté aux mobiles et se charge rapidement.

Excellentes photos et descriptions de produits : Utilisez d'excellentes photos de produits et des descriptions de produits captivantes qui mettent efficacement en valeur les attributs et les avantages de vos offres.

**Appels à l'action (CTA) sans ambiguïté :* Avec des appels à l'action évidents et visibles, tels que les boutons « Ajouter au panier » ou « Acheter maintenant », vous pouvez aider vos clients tout au long du processus d'achat.

Composants fiables : Établissez votre crédibilité auprès de vos clients en présentant les recommandations, les avis et les coordonnées facilement accessibles des clients. Assurez-vous également que votre site Web dispose de mesures de sécurité appropriées.

Cohérence de la marque : Pour établir une identité de marque distinctive et mémorable, veillez à ce que le design, l'image de marque et le message de votre magasin soient cohérents.

1.4. Réflexions supplémentaires sur le design :

Le chapitre décrit d'autres facteurs à prendre en compte lors de la conception de votre boutique dropshipping :

Conception adaptée aux mobiles : Dans le monde mobile d'aujourd'hui, il est essentiel de s'assurer que votre site Web s'adapte à différentes tailles d'écran et s'y adapte facilement pour attirer les visiteurs mobiles et générer des revenus.

Optimisation des moteurs de recherche (SEO) : Pour améliorer la note de votre site Web dans les moteurs de recherche et augmenter la quantité de trafic organique qu'il peut générer, appliquez les meilleures pratiques fondamentales de référencement à vos pages de produits et à votre contenu.

Récupération du panier abandonné : Pour récupérer les consommateurs potentiels qui ajoutent des produits à leur panier mais abandonnent la transaction, pensez à mettre en pratique des tactiques de récupération de panier abandonné.

Vous pouvez créer une boutique de dropshipping qui non seulement a fière allure, mais qui transforme également les visiteurs en clients payants, ce qui augmentera considérablement le succès de votre entreprise de dropshipping. Ceci peut être réalisé en sélectionnant soigneusement la plate-forme appropriée, en mettant l'accent sur l'expérience utilisateur et en mettant en œuvre les meilleures pratiques de conception.

Chapitre quatre

Développer votre entreprise de dropshipping : stratégies de marketing et de vente des dropshippers : attirer des clients et augmenter les revenus

Dans le monde féroce des achats en ligne, la capacité d'une entreprise de dropshipping à attirer des clients et à augmenter ses revenus est essentielle. Ce chapitre vous présente des techniques pratiques de marketing et de vente qui peuvent vous aider à créer des prospects, à accroître la reconnaissance de votre marque et, à terme, à transformer les visiteurs de votre site Web en clients dévoués.

1.1.*Acquérir des connaissances sur l'environnement marketing :* La nécessité de comprendre l'environnement marketing en constante évolution est soulignée au début du chapitre. Il répertorie plusieurs pistes et stratégies marketing, soulignant leurs avantages et leurs utilisations possibles pour les entreprises de dropshipping :

*marketing matériel :** Produire du matériel perspicace et utile, tel que des articles de blog, des vidéos ou des publications sur les réseaux sociaux, peut attirer de nouveaux clients, positionner votre entreprise en tant que leader du secteur et améliorer la note de votre site Web dans les moteurs de recherche.

Marketing sur les réseaux sociaux : Pour interagir avec votre marché cible, promouvoir vos produits et accroître la reconnaissance de votre marque, utilisez des sites de réseaux sociaux bien connus comme Facebook, Instagram et TikTok.

Marketing par e-mail : Créez une liste de diffusion et lancez des campagnes par e-mail pour nourrir des prospects, annoncer de nouveaux articles et proposer aux clients actuels des offres uniques.

Publicité payante : Pour cibler certaines données démographiques et atteindre un public plus large, prenez en compte les choix de publicité payante via des plateformes telles que Google Ads, Facebook Ads ou Instagram Ads.

Optimisation des moteurs de recherche (SEO) : En incorporant les meilleures pratiques de référencement à votre site Web, vous pouvez améliorer sa position dans les moteurs de recherche organiques et attirer des visiteurs qui recherchent des informations ou des éléments liés à votre entreprise.

1.2. Accroître la notoriété des marques : Le chapitre souligne la nécessité de créer une identité de marque qui s'étend au-delà de la promotion des produits. Voici différentes méthodes pour y parvenir :

Créer une identité de marque claire et cohérente : Assurez-vous que votre logo, votre palette de couleurs, votre message et la personnalité générale de votre marque sont tous cohérents sur toutes vos plateformes marketing.

Conte et création matérielle : Ne vous concentrez pas uniquement sur les caractéristiques de votre produit ; Au lieu de cela, créez des histoires captivantes et fournissez du matériel intéressant qui connecte avec votre public cible. Cela encourage la fidélité à la marque et la connexion émotionnelle.

Collaboration et marketing d'influence : Pour augmenter votre portée et accéder aux audiences de personnalités connues, faites équipe avec des influenceurs pertinents de votre secteur ou participez à des rassemblements de l'industrie.

1.3. Techniques de vente Dropshipping réussies : Le chapitre approfondit certaines techniques de vente pour transformer les visiteurs du site Web en clients payants au-delà de la notoriété de la marque :

Photographies de haute qualité et descriptions de produits captivantes : Investissez dans des photographies de produits de haute qualité et rédigez des descriptions de produits captivantes qui attirent l'attention sur les caractéristiques et les avantages de vos offres tout en abordant les éventuels problèmes soulevés par les clients.

*Publication d'appels à l'action (CTA)** :* Assurez-vous que votre site Web comporte des appels à l'action évidents et visibles, tels que des boutons « Ajouter au panier » ou « Acheter maintenant », pour aider les consommateurs à entreprendre l'action souhaitée.

*Promotions et réductions :** Pour* encourager les achats et créer un sentiment d'urgence, utilisez des promotions et des remises bien planifiées, telles que des offres à durée limitée ou des promotions saisonnières.

*Témoignages et avis de clients :** La* publication d'avis et de témoignages gratifiants de clients contribue à accroître la preuve sociale et la confiance, ce qui encourage les acheteurs potentiels à effectuer un achat dans votre boutique.

Excellent service client:* Tout au long du processus d'achat, offrir un service client exceptionnel renforce la confiance et la fidélité, favorisant des affaires récurrentes et d'excellentes références de bouche à oreille.

***1.4. Examiner et améliorer les initiatives de marketing :*Le chapitre souligne à quel point il est crucial de surveiller et d'évaluer vos initiatives marketing afin d'évaluer leur succès et d'apporter les modifications nécessaires à leur développement continu. Utilisez les outils d'analyse fournis par la plateforme de votre choix ou des services externes pour :

***Suivez le trafic du site Web et les taux de conversion :* Vérifiez d'où viennent les visiteurs et comment ils utilisent votre site pour voir où vous pouvez apporter des améliorations.

***Surveillez les performances de vos campagnes marketing :* examinez l'efficacité des différents canaux de marketing et modifiez vos tactiques pour en tirer le meilleur parti en termes de retour sur investissement (ROI).

Analyse du comportement des clients : Découvrez les préférences et le comportement de vos clients pour améliorer l'expérience globale de vos clients, adapter vos messages marketing et améliorer vos offres de produits.

Il est possible d'attirer des clients potentiels, de les transformer en clients payants et éventuellement d'augmenter les revenus de votre entreprise de dropshipping en combinant les techniques de marketing et de vente abordées dans ce chapitre. N'oubliez pas que pour garder une longueur d'avance dans le monde en constante évolution du commerce électronique, la création d'une entreprise en ligne réussie nécessite un travail constant, une prise de décision basée sur les données et une optimisation continue.

Chapitre cinq

Gérer et développer votre entreprise de dropshipping : ressources et outils cruciaux en matière de dropshipping : mettre de l'ordre dans vos opérations

Après avoir jeté les bases de votre entreprise de dropshipping, ce chapitre explore les outils et ressources essentiels qui peuvent vous aider à optimiser vos processus, à augmenter votre productivité et, éventuellement, à libérer votre temps pour vous concentrer sur le développement de votre entreprise.

1.1. La valeur de l'utilisation d'outils et de ressources : La nécessité de tirer parti de la technologie et d'utiliser les outils et ressources accessibles est soulignée au début du chapitre. Ceux-ci peuvent considérablement augmenter la productivité, automatiser les tâches fastidieuses et libérer votre temps important afin que vous puissiez vous concentrer sur les stratégies de développement commercial critiques pour votre entreprise de dropshipping.

1.2.Outils de gestion des stocks : Une gestion efficace des stocks est essentielle pour toute entreprise de dropshipping. Le chapitre examine de nombreux instruments qui peuvent être utilisés pour accélérer cette procédure :

Logiciel de gestion des stocks : Avec l'aide de ces outils, vous pouvez réduire les risques de survente ou de rupture de stock en suivant les niveaux de stock en temps réel, en recevant des avertissements de stock faible et en synchronisant les informations d'inventaire avec vos fournisseurs.

**Solutions de gestion des commandes (OMS) :* Ces solutions tout compris garantissent une expérience client sans faille en automatisant le traitement des commandes, en surveillant l'exécution des commandes et en fournissant des informations de suivi des expéditions en temps réel.

1.3. Outils de marketing et d'analyse : Le succès nécessite à la fois une analyse marketing et une analyse des performances.

Ce chapitre présente plusieurs ressources importantes auxquelles réfléchir, telles que :

Plateformes de marketing par e-mail : Profitez de plateformes intuitives pour développer et superviser des campagnes par e-mail, cultiver des prospects et interagir avec votre public via une messagerie ciblée.

Outils de gestion des médias sociaux : Grâce à ces outils, la surveillance des interactions des consommateurs, l'analyse de l'activité sur les réseaux sociaux et la planification des publications sur de nombreuses plateformes sont facilitées.

Outils de reporting et d'analyse : Utilisez des outils d'analyse pour en savoir plus sur le comportement des consommateurs, le trafic du site Web et l'efficacité des campagnes marketing. Ces informations vous aident à faire des choix basés sur les données qui maximiseront votre retour sur investissement (ROI) et optimiseront vos tactiques marketing.

Outils pour le service client

Établir la confiance et cultiver la fidélité nécessitent un service client exceptionnel. Ce chapitre examine les moyens d'améliorer vos compétences en matière de service client :

A. Logiciel de chat en direct : utilisez les fonctionnalités de chat en direct pour fournir à vos clients une aide en temps réel afin que vous puissiez répondre rapidement et efficacement à leurs questions.

B. Systèmes de billetterie : utilisez des systèmes de billetterie pour traiter efficacement les demandes d'assistance client, surveiller l'état des résolutions et garantir qu'aucune question ne reste sans réponse.

Ressources et outils supplémentaires :En plus des catégories répertoriées ci-dessus, le chapitre explore d'autres ressources qui pourraient améliorer votre expérience de dropshipping.

A. Outils de recherche de dropshipping : utilisez des outils spécialement conçus pour les entreprises de dropshipping pour trouver des fournisseurs réputés, étudier les concurrents et identifier les articles populaires.

B. Outils d'automatisation du commerce électronique : libérez du temps pour la planification stratégique et la croissance de l'entreprise en automatisant les processus répétitifs tels que le traitement des commandes, la publication sur les réseaux sociaux et les campagnes de marketing par e-mail.

C. Ressources pédagogiques : grâce à des cours en ligne, des revues spécialisées et des groupes de commerce électronique, tenez-vous informé des derniers développements dans le secteur du dropshipping, y compris les meilleures pratiques, les questions juridiques et les tendances émergentes.

D. Sélection des outils appropriés : Avec autant d'outils à votre disposition, le chapitre souligne à quel point il est important de choisir ceux qui conviennent le mieux à vos objectifs et à votre budget. Lorsque vous évaluez et choisissez les outils à intégrer dans vos opérations de dropshipping, tenez compte de variables telles que la taille de votre entreprise, le budget, le niveau de compétence technique et les fonctions requises.

Mise en œuvre et utilisation efficaces des outils :Il ne suffit pas de disposer des bons outils ; vous devez également les utiliser efficacement. Comme le suggère le texte, vous devez :

Commencez par l'essentiel : À mesure que votre entreprise se développe, ajoutez progressivement des outils critiques supplémentaires en commençant par une poignée qui répondent à vos demandes les plus urgentes.

Investissez dans le support et la formation : Assurez-vous de savoir comment utiliser efficacement les outils sélectionnés. Utilisez les didacticiels, les supports de formation et l'assistance client mis à disposition par les fournisseurs d'outils.

** Suivez et quantifiez l'impact :** Examinez régulièrement la manière dont les outils que vous avez introduits affectent les performances de votre entreprise. Cela vous permet d'identifier les domaines nécessitant un développement et de modifier votre stratégie si nécessaire. Vous pouvez acquérir des informations importantes, automatiser le travail monotone, simplifier les opérations et libérer du temps pour vous concentrer sur les parties stratégiques du développement de votre entreprise de dropshipping en utilisant les outils appropriés. et des ressources. Pour réussir à long terme dans le monde en constante évolution du commerce électronique, vous devrez continuellement apprendre, vous adapter et utiliser la technologie.

Gérer et développer votre entreprise de dropshipping

Un guide de réussite completAprès avoir couvert l'essentiel et les principales caractéristiques du dropshipping dans les chapitres précédents, cette partie explore le processus continu de gestion et d'expansion de votre entreprise de dropshipping. Il vous donne le savoir-faire et les tactiques dont vous avez besoin pour gérer vos opérations quotidiennes, rationaliser votre flux de travail et finalement mener votre entreprise vers le succès à long terme.

1.1. Création d'une société de dropshipping à long terme : La première section du chapitre met en évidence les éléments essentiels à la création d'une entreprise de dropshipping réussie et durable :

Faites attention à la satisfaction du client : Faites de la fourniture d'un service client de premier ordre tout au long du processus d'achat votre priorité absolue. Cela implique de communiquer rapidement avec les clients, de répondre efficacement à leurs questions et de satisfaire leurs préoccupations. Les affaires récurrentes et les références favorables de bouche à oreille dépendent fortement du développement de la confiance et de l'offre d'une excellente expérience client.

Éducation et développement continus : Le monde du commerce électronique est en constante évolution. Engagez-vous en faveur de l'apprentissage tout au long de la vie en vous tenant au courant des exigences réglementaires, des développements de l'industrie et des meilleures pratiques. Utilisez les outils à votre disposition, tels que les groupes en ligne, les revues industrielles et les cours, pour élargir vos connaissances et modifier vos approches pour réussir.

Prise de décision basée sur les données : Ne comptez pas uniquement sur votre intuition. Exploitez le potentiel de l'analyse des données pour en savoir plus sur le comportement des consommateurs, le trafic sur les sites Web et l'efficacité des campagnes marketing. Pour maximiser vos offres de produits, vos plans marketing et les opérations générales de votre entreprise, faites des choix basés sur les données.

1.2 Considérations juridiques et financières des dropshippers : Ce chapitre clarifie les facteurs financiers et juridiques importants à prendre en compte lors de la gestion de votre activité de dropshipping :

Création d'entreprise et licences : En fonction de votre emplacement et du type d'entreprise, vous devrez peut-être enregistrer votre entreprise et obtenir les licences ou permis nécessaires pour pouvoir exercer légalement vos activités.

Taxes et réglementations : Reconnaissez vos responsabilités fiscales et assurez-vous que vous respectez toutes les lois applicables, y compris les lois sur l'importation/exportation si vos fournisseurs sont basés à l'étranger.

Direction financière : Utilisez de bonnes techniques de gestion financière, telles que la tenue de livres complets, le suivi de vos dépenses et le suivi de vos flux de trésorerie, pour préserver la stabilité financière de votre entreprise.

1.3. Établir un réseau de soutien solide :

Être un dropshipper à succès ne doit pas nécessairement être l'affaire d'une seule personne. Le chapitre vous conseille de créer un réseau d'alliés pour vous aider dans votre voyage.

Mise en réseau avec d'autres dropshippers : Utilisez des forums ou des groupes en ligne pour entrer en contact avec d'autres dropshippers. Créez un réseau de personnes qui partagent vos intérêts en échangeant des expériences et en apprenant des triomphes et des revers de chacun.

Embauchement de pigistes ou d'assistants virtuels : À mesure que votre entreprise se développe, pensez à embaucher des pigistes ou des assistants virtuels pour gérer des tâches telles que la génération de contenu, le service client et la recherche de produits afin de libérer votre temps pour la croissance de votre entreprise et la planification stratégique.

8.4. Développer votre entreprise de commerce électronique :À mesure que votre entreprise se développe, ce chapitre propose une feuille de route pour une mise à l'échelle efficace :

Élargir votre portefeuille de produits : Réfléchissez soigneusement à l'introduction de nouveaux articles qui améliorent votre secteur d'activité actuel et répondent aux demandes changeantes de votre marché cible.

Explorer de nouveaux marchés : Faites quelques recherches et réfléchissez à la possibilité d'atteindre de nouveaux domaines via des supports marketing, des traductions de sites Web ou des partenariats avec des centres de distribution locaux.

Optimiser vos opérations : Évaluez et améliorez régulièrement vos procédures opérationnelles. Rationalisez les processus, augmentez la productivité et libérez du temps pour vous concentrer sur les objectifs de croissance clés en utilisant la technologie et l'automatisation.

Remarques finales : La voie du développement continu : En conclusion, le chapitre souligne que le dropshipping est une voie d'apprentissage, d'adaptation et de développement continu, comme toute autre entreprise entrepreneuriale. Vous pouvez construire une base solide, surmonter les obstacles et traverser avec succès le monde en constante évolution du commerce électronique en mettant en pratique les tactiques et les meilleures pratiques décrites tout au long de ce livre. Cela vous aidera à développer votre entreprise de dropshipping au fil du temps. Rappelons que la persévérance, une éducation sans fin et la capacité de s'adapter au marché du commerce électronique en constante évolution sont les clés du succès.

Chapitre six

Développer et développer votre entreprise de dropshipping : formules de réussite à long terme.

Une fois que vous avez jeté les bases du succès de votre entreprise de dropshipping, ce chapitre explore les tactiques à long terme pour parvenir à un développement régulier et étendre votre organisation. Il vous donne des connaissances et des stratégies utiles pour vous aider à travers le processus passionnant mais difficile de croissance de votre entreprise et d'établissement de votre nom dans le secteur du commerce électronique.

1.1. Prendre conscience de l'importance de la mise à l'échelle : la nécessité de développer votre entreprise de dropshipping après son premier succès est soulignée dans la première section du chapitre. Grâce à la mise à l'échelle, vous pouvez :

A. *Boostez les ventes et la rentabilité :* Élargir votre clientèle et peut-être augmenter votre volume de ventes vous aidera à générer plus de revenus et à gagner plus d'argent.

B. *Améliorer la reconnaissance de la marque :* Atteindre un public plus large vous aidera à devenir plus connu dans votre niche en augmentant la notoriété et la reconnaissance de votre marque.

C. *Optimiser l'efficacité et l'exploitation :* Vous pouvez réduire les coûts et améliorer les performances globales de l'entreprise en adaptant plus efficacement vos opérations et l'utilisation de vos ressources.

1.2. Formuler un plan d'expansion : La nécessité d'élaborer un plan de développement clair avant de commencer le processus de mise à l'échelle est soulignée tout au long du chapitre. Cette approche devrait :

A. Définissez votre vision à long terme : énoncez clairement les objectifs à long terme de votre entreprise de dropshipping. Qu'espérez-vous que les prochaines années réservent à votre entreprise ?

B. Identifiez les opportunités d'expansion : qu'il s'agisse d'élargir votre gamme de produits, de rechercher de nouveaux marchés ou d'étudier d'autres méthodes de vente, il peut y avoir des opportunités d'expansion que vous pourrez découvrir grâce à une étude de marché minutieuse.

C. Analysez vos ressources : examinez vos ressources actuelles, telles que les finances, la main-d'œuvre et la capacité opérationnelle, pour voir si la mise en pratique de la stratégie de développement que vous avez choisie est réalisable.

D. Définir des objectifs SMART : pour votre plan de développement, utilisez le cadre SMART pour définir des objectifs précis, quantifiables, réalistes, pertinents et limités dans le temps. Cela garantit que vos initiatives de mise à l'échelle ont une orientation et une clarté.

1.3. Techniques essentielles pour développer votre entreprise de dropshipping : Le chapitre aborde certaines tactiques que vous pourriez utiliser pour réussir votre évolution :

A. Construisez votre portefeuille de produits : ajoutez progressivement de nouveaux articles à votre gamme qui améliorent ce que vous avez déjà et répondent aux demandes et préférences changeantes de votre marché cible. Trouvez un équilibre entre le lancement de nouveaux articles et la garantie que votre gamme de produits actuelle est rentable et du plus haut calibre.

B. Explorer d'autres marchés : faites des recherches et pensez à vous adresser à d'autres domaines. Pour servir efficacement les clients étrangers, cela peut inclure la traduction de votre site Web et de vos supports marketing ou la collaboration avec des installations de traitement des commandes locales.

C. Optimiser vos efforts de marketing : améliorez constamment vos tactiques de marketing afin d'élargir votre audience et d'attirer de nouveaux clients. Utilisez l'analyse des données pour déterminer quels canaux marketing sont les plus efficaces pour votre entreprise et modifiez votre budget en conséquence.

D.   Fidélisation à la marque : pour promouvoir la fidélité des clients et les références favorables de bouche à oreille, cultivez des relations clients solides en offrant un excellent service client, en introduisant des programmes de fidélité et en mettant en pratique des tactiques de marketing personnalisées.

E. Tirer parti de la technologie et de l'automatisation : utilisez l'automatisation et les outils technologiques pour augmenter la productivité, optimiser les processus et libérer du temps pour des projets de croissance stratégiques. Cela peut inclure l'utilisation de chatbots pour le support client, d'outils de marketing automatisés ou de technologies de gestion des stocks.

F. Former des partenariats stratégiques : pensez à collaborer avec des entreprises de secteurs connexes ou dans votre domaine d'expertise. Pour augmenter votre portée et votre clientèle, cela peut inclure une collaboration sur des initiatives marketing, l'étude de possibilités de promotion croisée ou l'étude d'accords de dropshipping avec d'autres entreprises.

G. Investir de l'argent dans votre marque : à mesure que votre entreprise se développe, investissez dans la création d'une identité de marque distinctive et puissante. Cela implique de créer une voix de marque unifiée, d'acheter des fournitures de marque haut de gamme et de mettre en place une présence Web crédible.

1.4. Obstacles à la mise à l'échelle et moyens de les surmonter : Le chapitre aborde certaines des nombreuses difficultés qui peuvent survenir lors de la mise à l'échelle, notamment :

A. Gestion de la complexité accrue des stocks : pour suivre les niveaux de stock, maintenir la qualité des produits et éviter les ruptures de stock, l'élargissement de la variété de vos produits nécessite des solutions efficaces de gestion des stocks.

B. Maintenir la qualité du service client : à mesure que votre clientèle s'agrandit, il devient de plus en plus important de maintenir un niveau élevé de service client dans toutes les interactions. Pour gérer les questions typiques, pensez à augmenter votre personnel de support client ou à introduire des solutions en libre-service comme des FAQ ou des chatbots.

C. Marketing et atteindre un public plus large : des méthodes de marketing améliorées et peut-être des dépenses de marketing plus élevées sont nécessaires pour réussir à atteindre un public plus large et à attirer de nouveaux clients.

D. Maintenir l'efficacité opérationnelle : il est essentiel de garantir le bon fonctionnement des opérations à mesure que votre entreprise se développe. Cela implique de surveiller régulièrement vos opérations, de repérer les goulots d'étranglement et d'automatiser autant que possible.

1.5. Réflexions finales : Le chemin vers une réussite prolongée :

Le dernier point abordé dans ce chapitre est que la croissance de votre entreprise de dropshipping est un processus continu qui nécessite de l'engagement, de la flexibilité et une volonté de changer et de croître. Vous pouvez surmonter avec succès les obstacles liés à la croissance et ouvrir la voie à un succès à long terme dans le monde dynamique du commerce électronique en mettant en pratique les tactiques décrites dans ce livre, en gardant un œil sur vos progrès et en effectuant des ajustements en fonction des commentaires des consommateurs. et les tendances du marché.

Études de cas sur le dropshipping : acquérir des connaissances auprès d'entreprises prospères

Une appréciation des expériences d'entreprises de dropshipping à succès peut fournir aux futurs propriétaires d'entreprise des connaissances approfondies et une motivation. En disséquant leurs tactiques, leurs réalisations et même leurs revers, vous pouvez en apprendre beaucoup et créer un plan pour votre propre entreprise de dropshipping.

Voici plusieurs exemples d'entreprises de dropshipping réussies, ainsi que quelques leçons importantes tirées de leurs expériences :

1. CloudSharks : Les pantoufles en forme de requin sont le produit.

Facteurs de succès:

Produit unique : gagné de l'argent en capitalisant sur un produit très demandé et peu concurrentiel.***Marketing puissant sur les

*réseaux sociaux :** J'ai atteint un large public en utilisant des plateformes telles que les publicités Facebook, le marketing Instagram et le marketing TikTok.
Identité de marque résonnante : Création d'une voix et d'une image de marque distinctives en lien avec leur marché cible.

2. Balle aux fruits :

 Produit : un petit mixeur de fruits
Facteurs de réussite : utilisation des capacités de marketing viral de TikTok pour obtenir un élan précoce et une notification générale.
Site Web adapté aux mobiles : Garantit une expérience utilisateur fluide pour les consommateurs qui naviguent et effectuent leurs achats sur des appareils mobiles.
Marketing ciblé : Efforts de marketing concentrés sur les plateformes fréquentées par leur public cible, comme les jeunes adultes et les passionnés de santé.

3. Produit : Articles de cuisine et articles ménagers durables * Facteurs de succès :

** Orientation de niche : ** Conçu pour séduire un certain marché qui s'intéresse de plus en plus aux produits respectueux de l'environnement.

Assortiment de produits exceptionnel : accorde une grande importance à l'approvisionnement éthique et à la qualité, favorisant une relation de confiance avec sa clientèle.

Contenu marketing : création d'entrées de blog intéressantes et éducatives et de publications sur les réseaux sociaux sur le développement durable, attirant du trafic naturel et instruisant leur public.

Leçons importantes de ces études de cas

Identifier une niche : Surtout pour les nouvelles entreprises de dropshipping dans un secteur encombré, se concentrer sur une clientèle spécialisée ayant certaines demandes ou intérêts peut être une approche rentable.

Tirer parti du marketing des médias sociaux : il est possible d'atteindre un large public et d'accroître la reconnaissance de la marque en utilisant largement les sites de médias sociaux comme Facebook, Instagram et TikTok.

Créer une identité de marque puissante : différencier votre marque de la concurrence et se connecter avec votre marché cible sont rendus possibles en développant une image et une voix de marque distinctives.

Mettre l'expérience client au premier plan : établir la confiance et encourager la fidélité des clients nécessite de proposer des articles haut de gamme, un service client de premier ordre et un site Web facile à utiliser.

 Flexibilité et formation continue : Le monde du commerce électronique est en constante évolution. Le succès à long terme nécessite d'être flexible face aux tendances, de prendre note des pratiques des entreprises à succès et de procéder à votre propre analyse des données. Ce ne sont là que quelques-unes des nombreuses entreprises de dropshipping qui ont connu le succès en utilisant différentes tactiques et méthodes. En examinant leurs récits, en identifiant les informations applicables et en les intégrant dans votre propre stratégie commerciale, vous pouvez améliorer vos chances de triompher dans le domaine fascinant et en constante évolution du dropshipping.